GEOMETRICAL DESIGNS & OPTICAL ART

70 original drawings

BY JEAN LARCHER

Dover Publications, Inc., New York

Published in Canada by General Publishing Company, Ltd., 30 Lesmill Road, Don Mills, Toronto, Ontario.
Published in the United Kingdom by Constable and Company, Ltd., 10 Orange Street, London W.C.2.

Geometrical Designs and Optical Art: 70 Original Drawings is a new work, first published by Dover Publications, Inc., in 1974.

DOVER *Pictorial Archive* SERIES

International Standard Book Number: 0-486-23100-3
Library of Congress Catalog Card Number: 74-79464

Manufactured in the United States of America
Dover Publications, Inc.
180 Varick Street
New York, N. Y. 10014

Preface
Avant-propos

This book is above all a stylistic exercise. It is also the outcome of many years devoted to the study of optical phenomena. Naturally it makes no claim to novelty in this area since all these experiments, both graphic and optical, are the result and the synthesis of the work of all the geometric painters and specialists in optical art.

Nevertheless I hope that the drawings included here are worthy to be presented to a wider public and not merely to the specialists, and that they will provide a stimulus to all students of applied art especially. I would be pleased if this book were used as a reference work by professional artists and as an educational aid by teachers and students. I believe that it contains material that can be regrouped thematically as a basis for further investigations.

My second purpose was the modest one of restoring to black and white their "patent of nobility," which is now being somewhat monopolized by color. We are living in a world drowned in color, and there seems to be a tendency to forget sometimes that black and white still exist. Moreover, I have attempted graphically to establish a parallel between the complexity of certain drawings and the complexity of nature and life. Of course, this comparison is completely symbolic, but from my earliest work on, I have tried to translate this abstract feeling of the extreme complexity and rigorous organization that nature unceasingly presents to our view.

Jean Larcher

Ce livre avant tout est un exercice de style. Il est le constat également de toutes les années que j'ai consacrées à l'étude des phénomènes optiques. Naturellement il ne prétend pas être une innovation en la matière puisque toutes ces recherches, tant au point de vue graphique que cinétique sont le résultat, la synthèse, de l'oeuvre de tous les peintres d'abstraction géométrique et les spécialistes du cinétisme.

Néanmoins les travaux présentés dans cet ouvrage auront, je l'espère, le mérite d'être divulgués auprès d'un plus large public que celui spécialisé en la matière, et pourront servir d'émulation surtout à tous les étudiants en arts appliqués. Car du point de vue pédagogique je souhaite qu'il serve de référence aussi bien à des professionnels de l'industrie qu'à des professeurs et à leurs élèves. Je crois qu'il y a matière à extrapoler à partir des recherches regroupées par thème dans ce présent ouvrage.

Le but second de ma démarche fut modestement de redonner au noir et blanc "leurs lettres de noblesse" qui actuellement sont plutôt accaparées par la couleur. Nous vivons dans un monde submergé de couleurs et il me semble que l'on ait tendance parfois à oublier que le noir et le blanc existent encore. D'autre part j'ai essayé d'une manière graphique d'établir un parallèle entre la complexité de certains dessins et la complexité de la nature et de la vie. Naturellement cette comparaison est toute symbolique mais depuis mes tout premiers travaux j'ai tenté de traduire ce sentiment abstrait de l'extrême complexité et de la rigueur d'organisation qu'offre depuis toujours, la nature à nos yeux.

Jean Larcher

The artist in his studio. (Photo: Gérard Reboul)   L'artiste dans son atelier. (Photo: Gérard Reboul)

BIOGRAPHY OF JEAN LARCHER

Born January 28, 1947, in Rennes, France.
General studies in Paris.
1962–65: Studies graphic art at the Chamber of Commerce of Paris. Learns typography and printing while studying calligraphy.
1966: Begins career as graphic artist.
1966–70: Carries on research in geometrical abstract painting in color, then in black and white. Does optical art painting and is exhibited in several countries.
1972: Publishes a booklet, **graphismes cinétiques,** summarizing five years of optical art research.
1973: Completes a 7-minute optical art audiovisual aid. Creates five alphabets for phototypesetting.
Currently teaches typographic drawing at the Art and Advertising School in Paris.

EXHIBITIONS OF PAINTINGS

1971: ARPA, Paris
Incontri internazionali d'arte, Italy
1972: Publicis, Paris
1973: Centre Américain, Paris
Incontri internazionali d'arte, Italy
Grands et Jeunes d'Aujourd'hui, Paris
Galerie Paul Marquet, Paris
ARPA, Paris
Carré Thorigny, Paris
First British International Drawing Biennial
Maison des Jeunes et de la Culture de Colombes
Bibliothèque Nationale, Paris
1974: Centre International de Séjour, Paris
Grands et Jeunes d'Aujourd'hui, Paris
Kusadasi, Turkey

BIBLIOGRAPHY

1973: **Du graphisme au cinétisme,** by Bertrand Marret, Vie des Arts, Canada.

BIOGRAPHIE DE JEAN LARCHER

Né le 28 janvier 1947 à Rennes, France.
Etudes secondaires à Paris.
1962–65: Etudes d'art graphique à la Chambre de Commerce de Paris. Apprend la typographie, les techniques d'imprimerie. Parallèlement suit des cours de calligraphie.
1966: Entreprend la profession de graphiste.
1966–70: Recherches picturales d'abstraction géométrique en couleur puis en noir et blanc. Fait de la peinture cinétique et expose dans divers pays.
1972: Edite une brochure, **graphismes cinétiques,** résumant cinq années de recherches optiques et cinétiques.
1973: Mise au point d'un audio-visuel cinétique de 7 mn. Création de cinq alphabets pour le photo-titrage.
Actuellement professeur de dessin typographique à l'Ecole d'Art et de Publicité à Paris.

EXPOSITIONS DE PEINTURE

1971: ARPA - Paris
Incontri internazionali d'arte - Italie
1972: Publicis - Paris
1973: Centre Américain - Paris
Incontri internazionali d'arte - Italie
Grands et Jeunes d'Aujourd'hui - Paris
Galerie Paul Marquet - Paris
ARPA - Paris
Carré Thorigny - Paris
First British International Drawing Biennial
Maison des Jeunes et de la Culture de Colombes
Bibliothèque Nationale - Paris
1974: Centre International de Séjour - Paris
Grands et Jeunes d'Aujourd'hui - Paris
Kusadasi - Turquie

BIBLIOGRAPHIE

1973: **Du graphisme au cinétisme,** par Bertrand Marret, Vie des Arts, Canada.

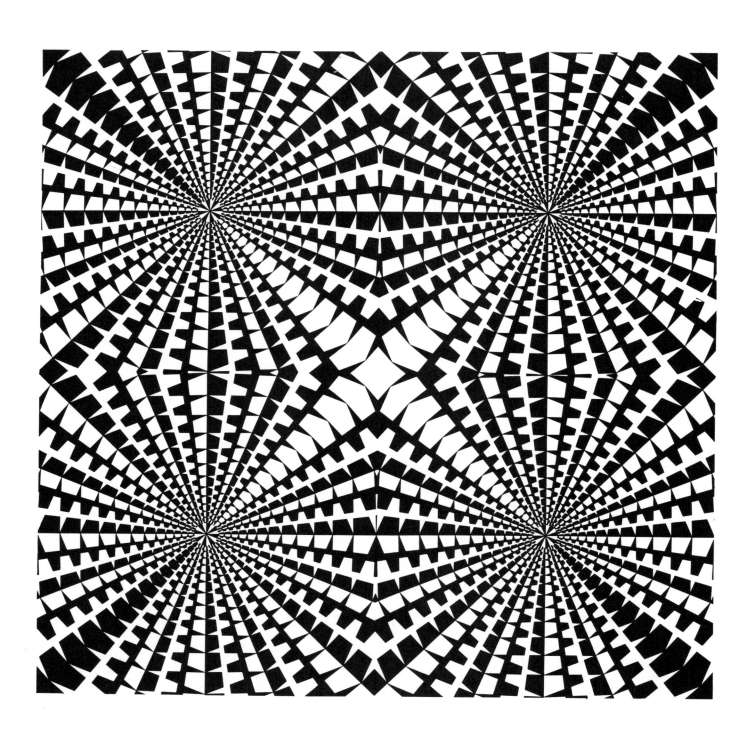

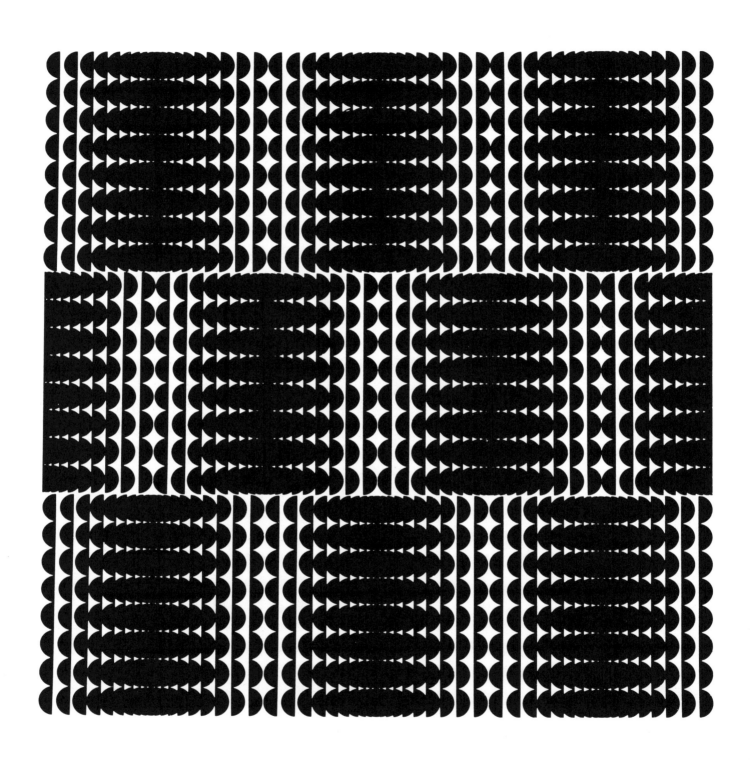

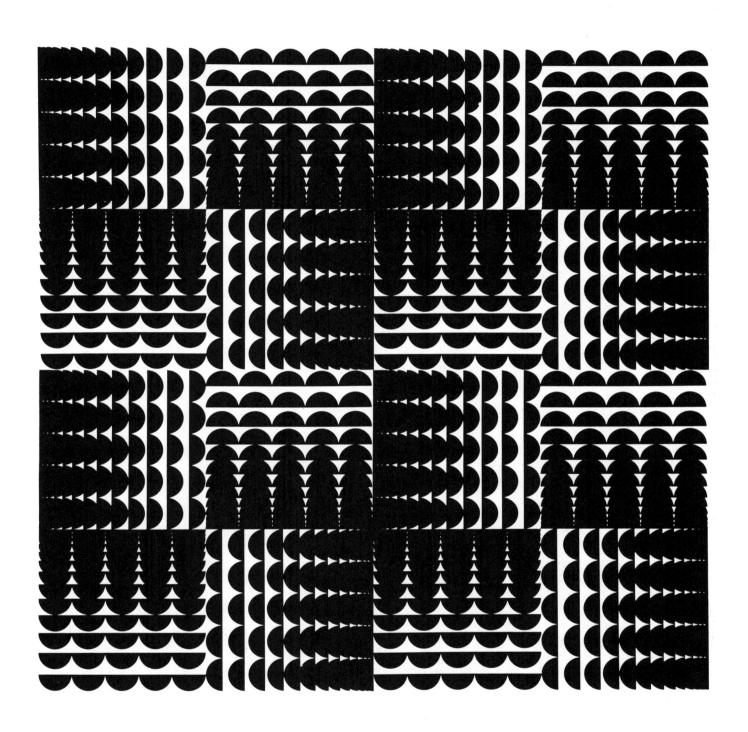

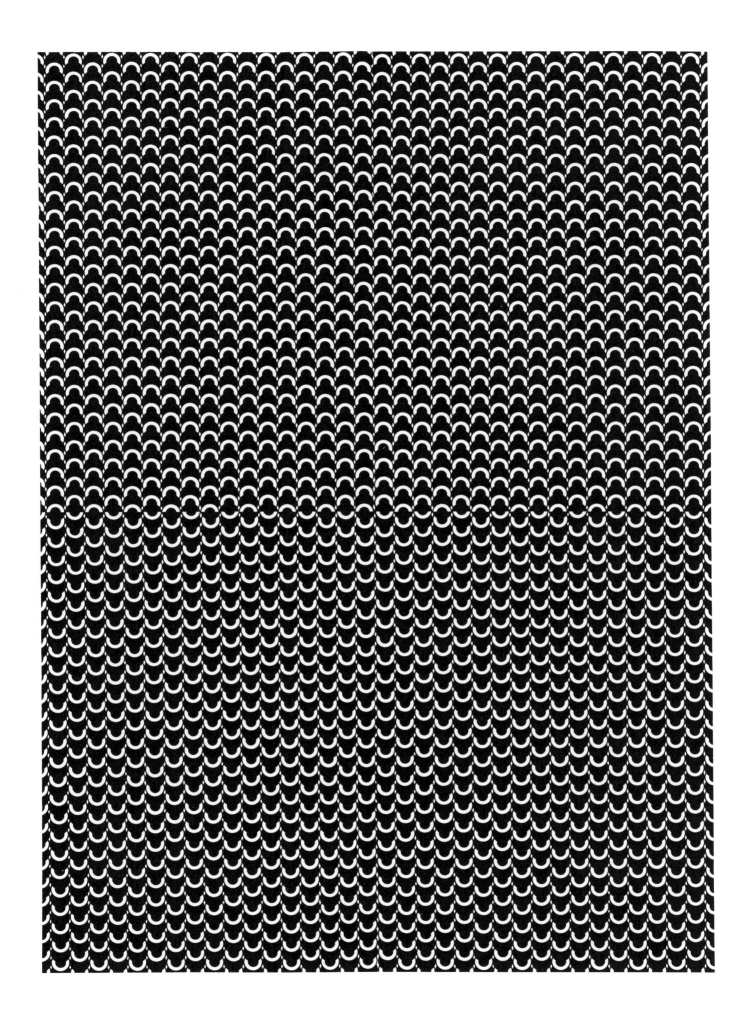

15

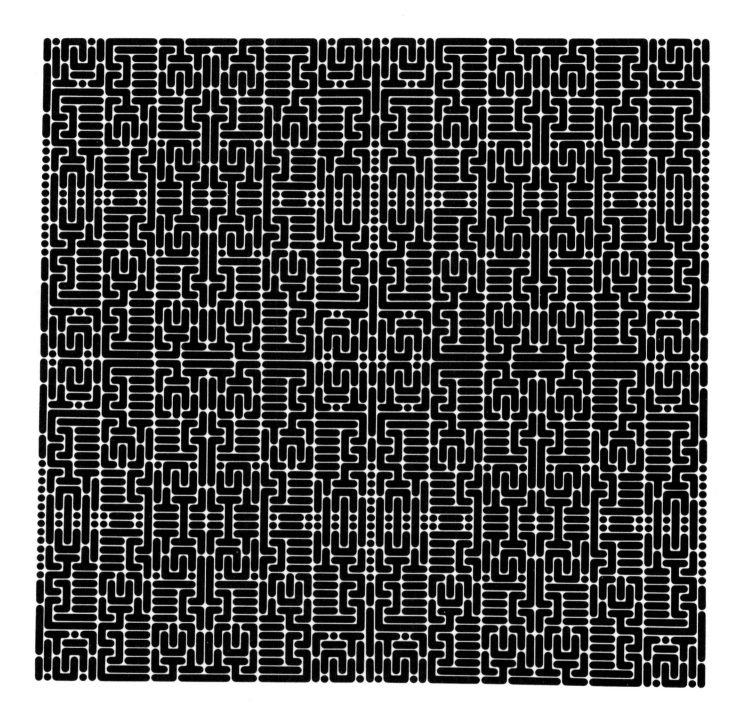

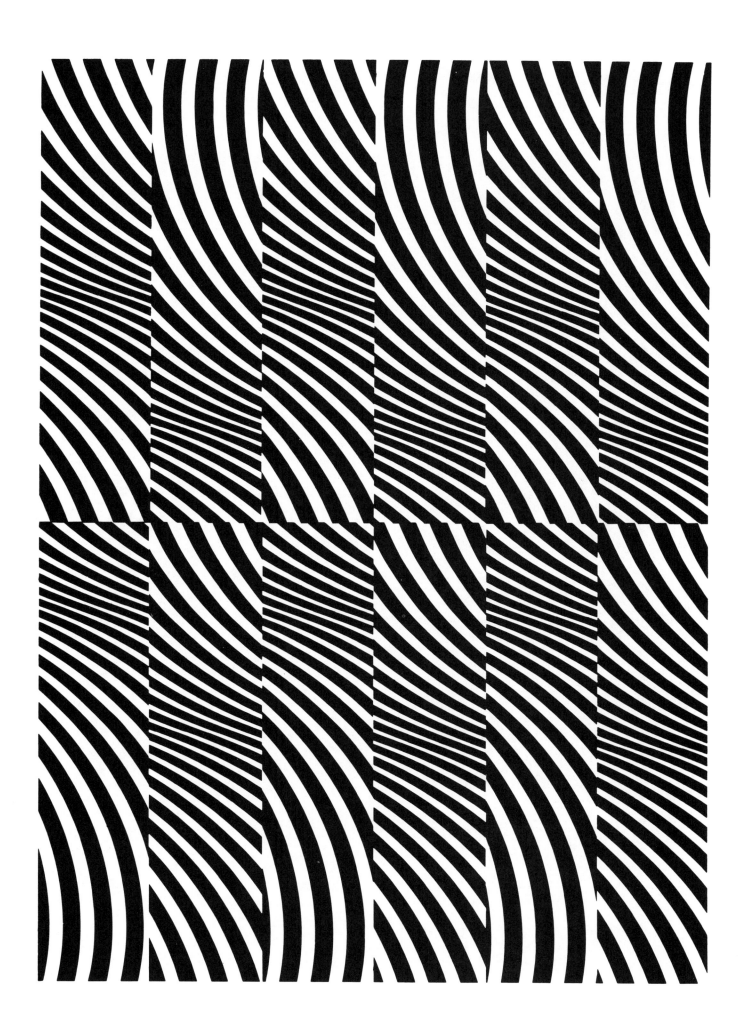

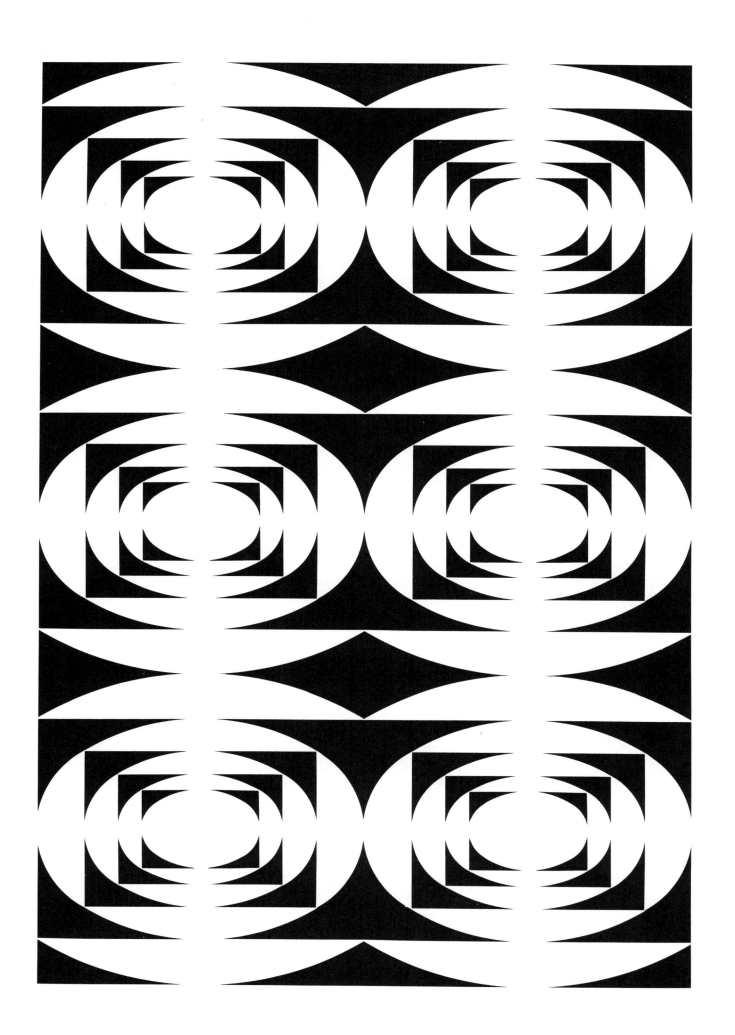

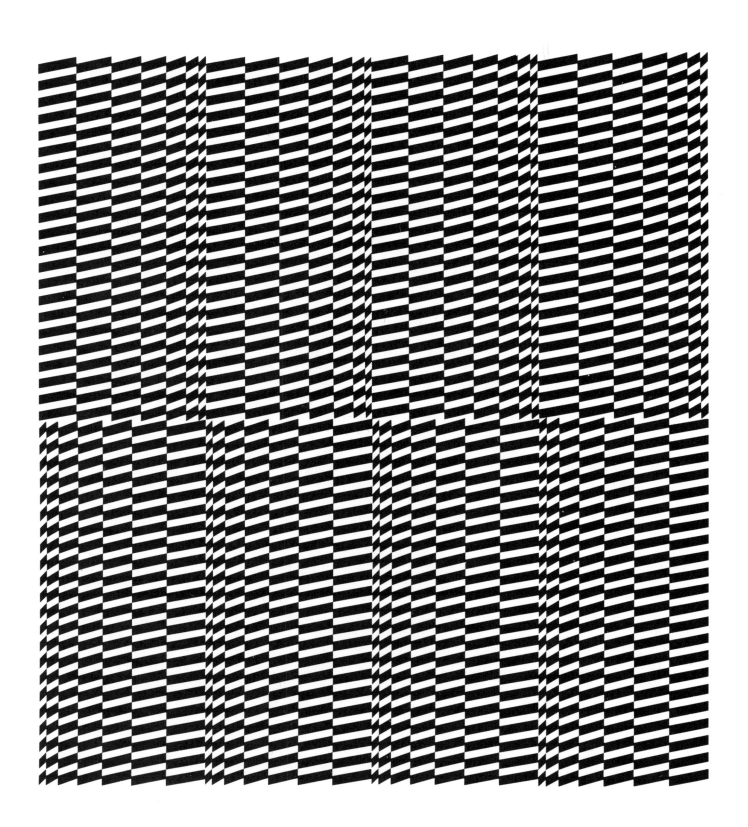

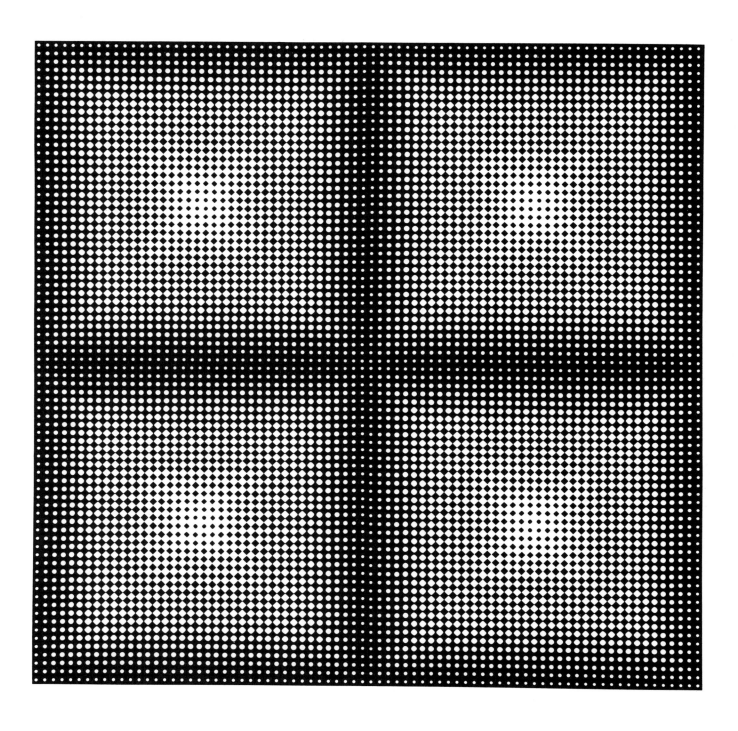

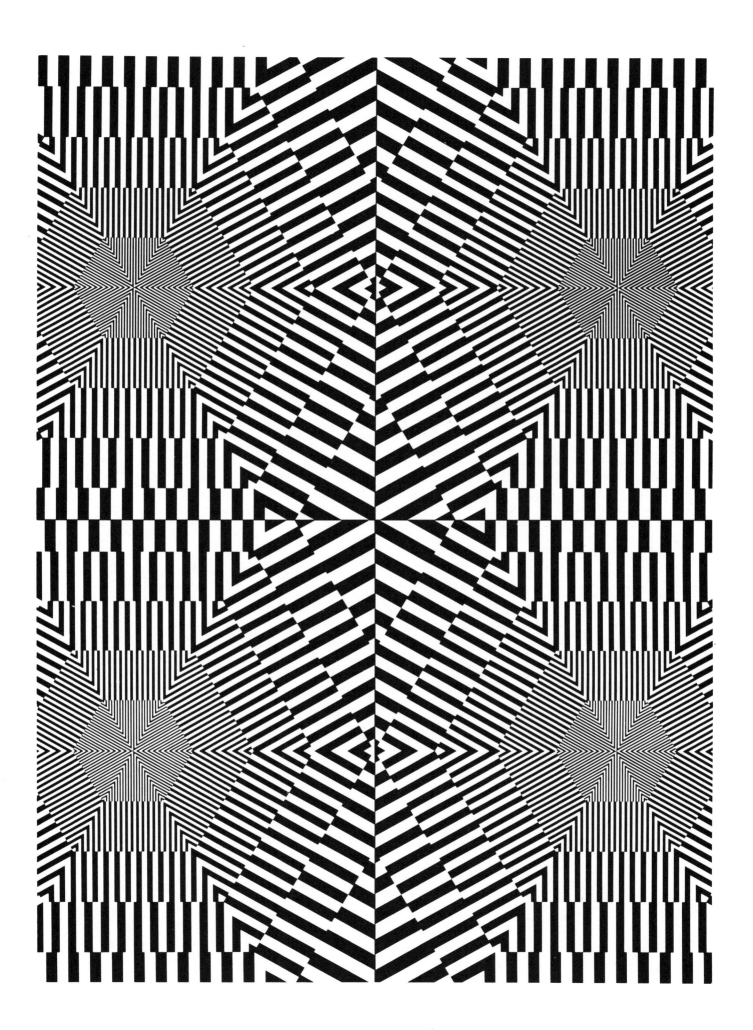

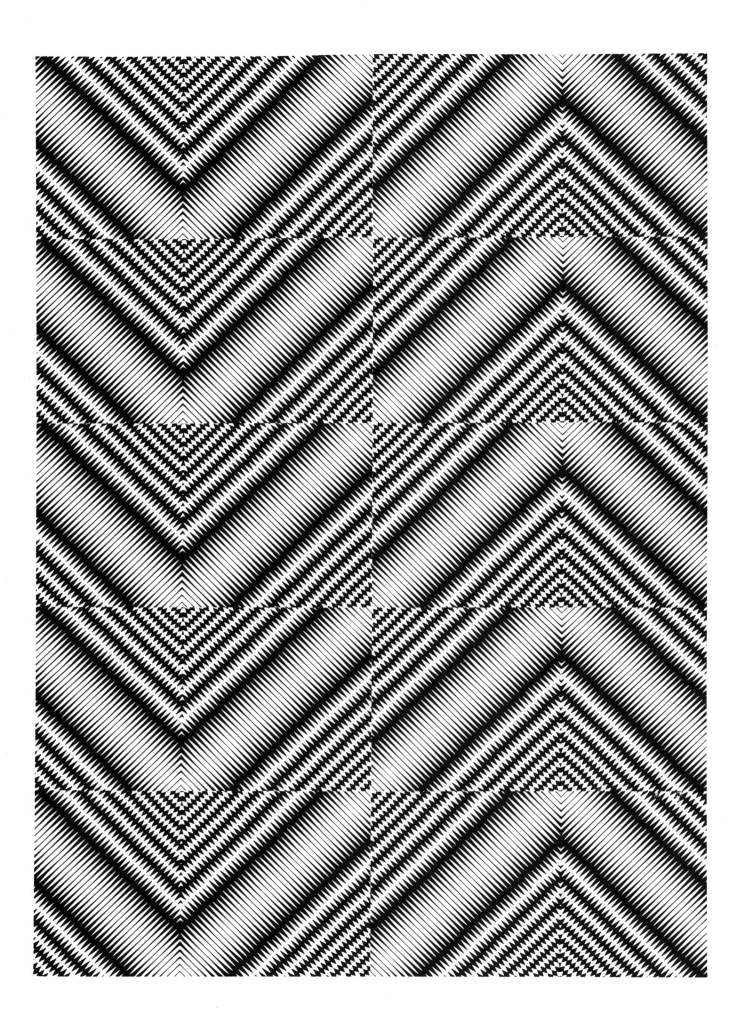

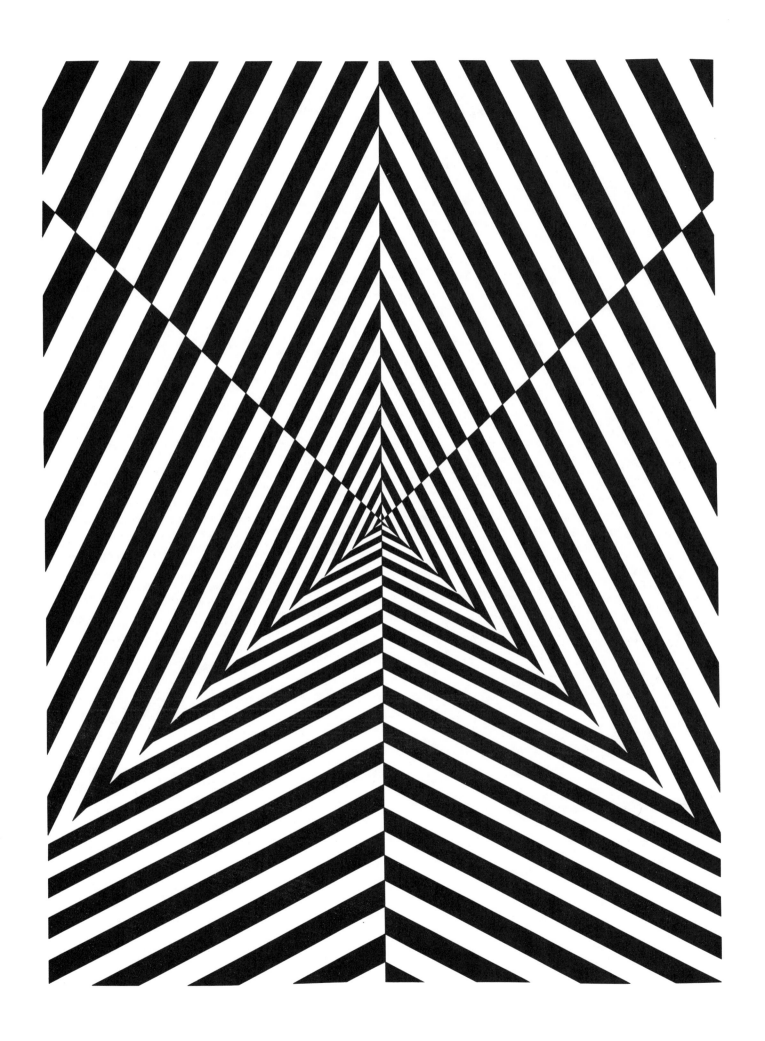

48

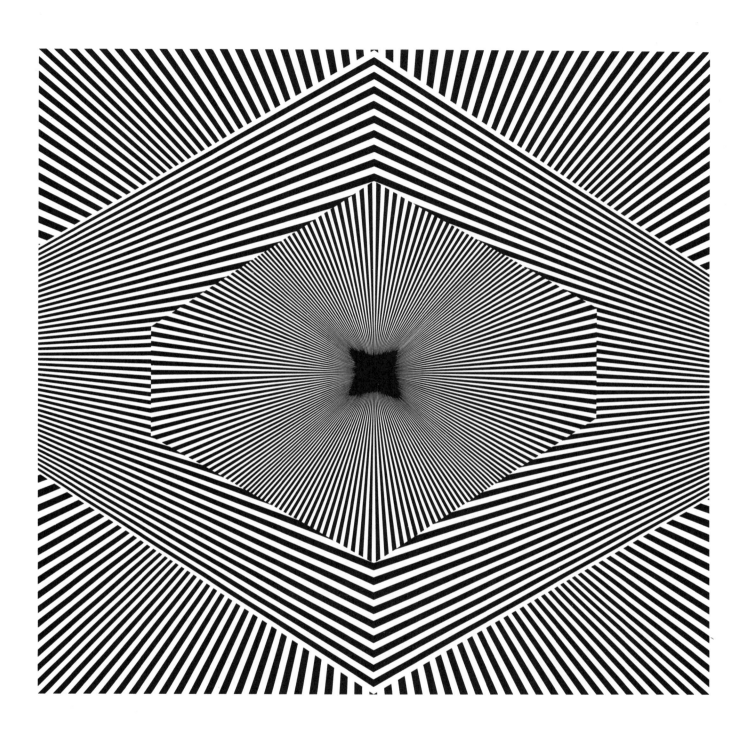

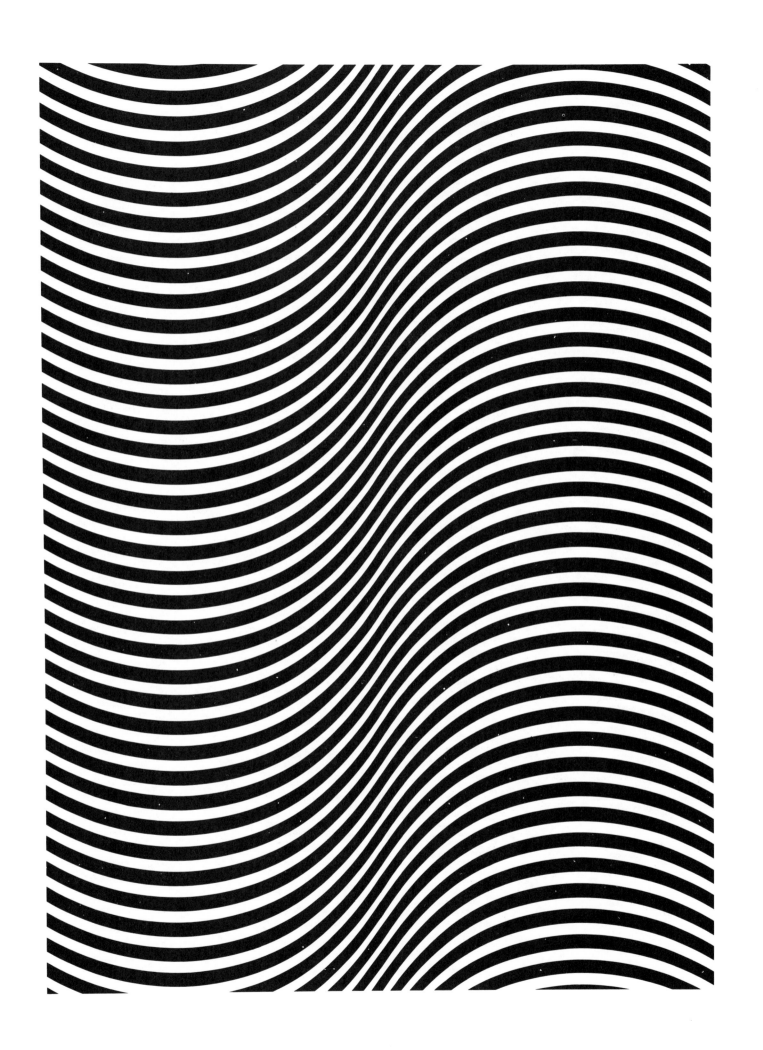

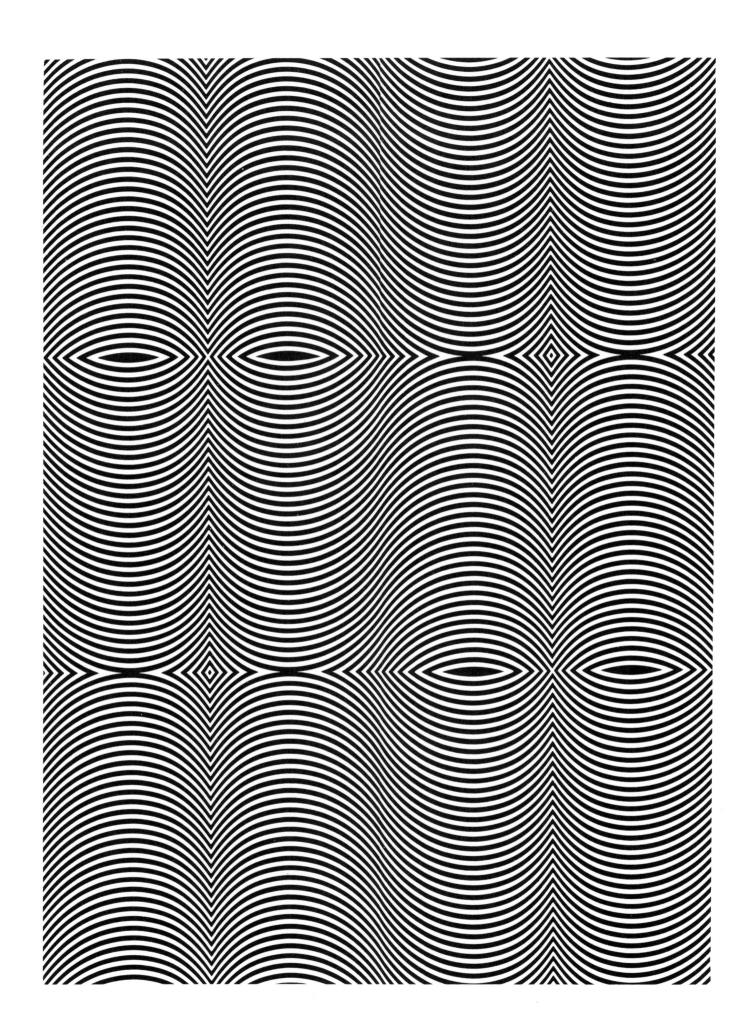

65

THE
END